PRZYGODY FENKA
Powietrze
ŻYWIOŁY
AF365405

Dzisiaj wydarzy się coś naprawdę szczególnego. Mama kotka Maksa musi wyjechać, więc chłopiec spędzi u Fenka cały dzień i… noc! Przyjaciele już bardzo długo czekali na taką okazję i wszystko zaplanowali.

– Cześć Maksiu! – woła uradowany Fenek, kiedy kolega wraz z mamą pojawiają się na progu ich domu.

– Cześć! – Maks woła głośno i chłopcy biegną prosto do pokoju Fenka.

Mama Maksa wręcza mamie Fenka plecak z rzeczami kotka i dziękuje, że synek może spędzić u nich noc.

Wymień wszystkich bohaterów, których widzisz na ilustracji.

– Posłuchaj – mówi Fenek, podskakując na krzesełku. – Mój tata wpadł na rewelacyjny pomysł! Powiedział, że kiedy wróci ze sklepu, zabierze nas na łąkę i będziemy… puszczać latawce! – opowiada jednym tchem.

Maksiu aż otwiera buzię z wrażenia.

– Naprawdę? Jeszcze nigdy tego nie robiłem! – mówi z szerokim uśmiechem.

W tym momencie rozlega się głos taty:

– Chłopcy! Możemy ruszać!

Fenek i Maks w kilka sekund znajdują się u jego boku.

Kiedy docierają na łąkę, tata wyjmuje z torby dwa przepiękne, kolorowe latawce. Jeden z nich wygląda jak smok, a drugi jak wąż.

– Łaaał! Jakie wspaniałe! – chłopcy są zachwyceni.

– Poczekajcie, aż uniosą się w powietrze – tata mówi z uśmiechem. – Mamy dziś idealną pogodę do puszczania latawców, bo wieje dość silny wiatr.

To prawda: Maksiu musi nawet przytrzymywać swoją czapkę z daszkiem, żeby wiatr mu jej nie porwał!

Po chwili oba latawce szybują już
w powietrzu, a chłopcy mocno trzymają
linki i jak zaczarowani wpatrują się
w kolorowego smoka i węża.

– Puszczanie latawców to naprawdę
świetna zabawa! – woła Fenek, a Maks
myśli dokładnie tak samo.

– Musimy robić to częściej! – stwierdza
stanowczo.

Tata Fenka cieszy się, że chłopcy są tacy
zadowoleni. Jeszcze o tym nie wiedzą, ale
przygotował dla nich kolejną niespodziankę,
również związaną z wiatrem.

Który z chłopców trzyma latawiec
w kształcie smoka?

– Chciałbym zabrać was w jeszcze jedno
miejsce – tata mówi tajemniczo, kiedy pakują
latawce do torby.

– Gdzie? Gdzie? – kotek Maks dopytuje
niecierpliwie.

– Powiedz nam! – prosi Fenek.

– Za chwilkę sami się przekonacie – tata
uśmiecha się i cała trójka wsiada
do samochodu.

Po krótkiej podróży zatrzymują się w miejscu,
którego chłopcy nigdy wcześniej nie widzieli.
Już przez okno dostrzegają, że jest tutaj całe
mnóstwo białych, wysokich wiatraków.

– Ale ich dużo! – zauważa Fenek.

– Kto postawił tutaj tyle wiatraków? – chce wiedzieć Maksiu.

Tata Fenka od razu zaczyna wszystko wyjaśniać.

– To pierwsza elektrownia wiatrowa w Słonecznej Krainie. Powstała całkiem niedawno – tłumaczy.

Chłopcy nigdy wcześniej nie słyszeli o elektrowni wiatrowej, więc bez słowa czekają na dalsze wyjaśnienia taty.

– Elektrownia wiatrowa to takie miejsce, gdzie za pomocą wiatru wytwarzany jest prąd – tłumaczy tata.

Co to jest elektrownia wiatrowa?

– Ale… jak to się dzieje? – Fenek niewiele z tego rozumie.

Wszyscy siadają na trawie, wpatrują się w obracające się wiatraki, a tata zaczyna swą opowieść.

– Wiejący wiatr obraca skrzydłami wiatraków i dzięki temu wytwarzana jest energia elektryczna – mówi. – Takich elektrowni jest na całym świecie naprawdę dużo. Niektóre wiatraki ustawione są nawet w morzu – dodaje.

„To naprawdę ciekawe” – myśli Fenek.

Jak nazywają się ptaki widoczne na obrazku?

Kotek Maks też się nad czymś zastanawia.

– Ale… dlaczego wiatraki ustawia się
w wodzie? – kotek odzywa się po chwili.

– To bardzo dobre pytanie – mówi tata Fenka. –
Pamiętasz, jak byłeś z mamą nad morzem
w zeszłym roku?

– No pewnie, było naprawdę super – kotek
uśmiecha się na to wspomnienie.

– W takim razie pamiętasz też, że nad morzem
zawsze wieje wiatr – stwierdza.

– Tak, to prawda! – woła Maksiu.

– Czyli wiatraki kręcą się częściej i szybciej,
i wytwarzają więcej energii elektrycznej? –
pyta Fenek.

– Właśnie tak – potwierdza tata i cieszy się, że chłopcy tak dużo rozumieją.

Cała trójka jeszcze przez długi czas siedzi bez ruchu i obserwuje kręcące się skrzydła ogromnych wiatraków.

– Wiatr jest bardzo tajemniczy – mówi nagle Fenek. – Mimo że go nie widać, przydaje się do wielu rzeczy!

– To prawda – mówi tata. – Ale potrafi też być niebezpieczny. Bardzo silny wiatr, zwany huraganem, może spowodować wiele szkód: niszczy wszystko, co stanie na jego drodze – przewraca drzewa i niszczy domy. Na szczęście naukowcy wiedzą, kiedy się zbliża, i dlatego można się odpowiednio przed nim zabezpieczyć.

Ciekawe sposoby spędzania czasu z dzieckiem

Spróbujcie wspólnymi siłami wykonać latawiec. Rodzice mogę zrobić stelaż, a maluchy na pewno chętnie zajmą się ozdabianiem. Poczekajcie na wietrzny dzień i sprawdźcie, jak Wasze dzieło szybuje w powietrzu. Jeśli w pobliżu Waszego miejsca zamieszkania znajdują się wiatraki, wybierzcie się na wycieczkę i przyjrzyjcie się, jak pracują. Możecie również samodzielnie wykonać małe wiatraczki z papieru i wykorzystać je do ćwiczeń oddechowych.

Dzięki tej książeczce Twoje dziecko:

– dowie się, do czego wykorzystywana jest siła wiatru;

– dowie się, co to jest elektrownia wiatrowa;

– pozna zasady działania elektrowni wiatrowej;

– przekona się, że wiatr może przyczyniać się do świetnej zabawy, ale może być również bardzo niebezpieczny.

Znajdź układ 6 latawców.

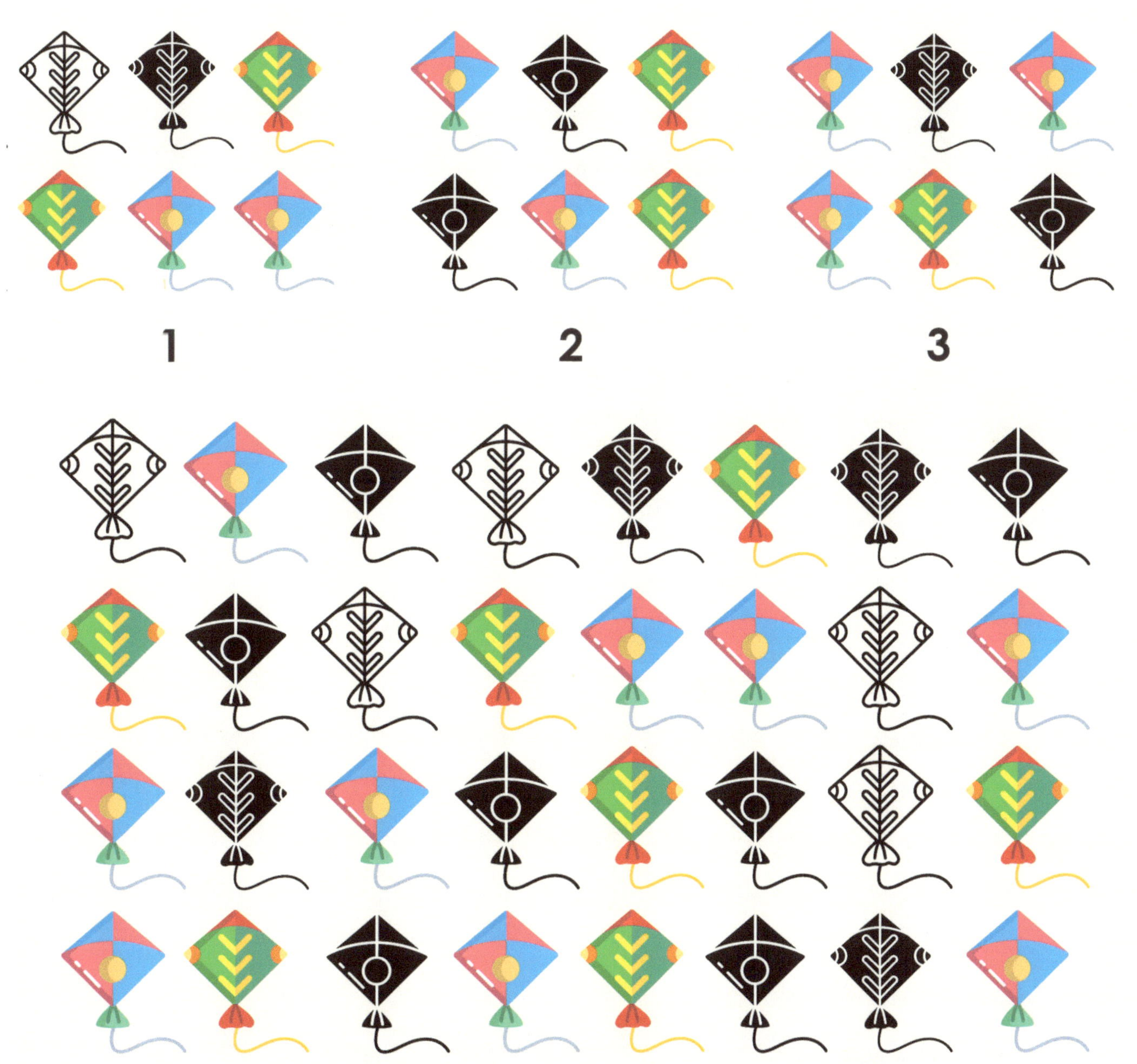

1

2

3

Poznawaj rosnący świat książel
serii "Przygody Fenka
Ciesz się najnowszymi i nadchodzącym
przygodami i mnóstwem bezpłatnych zasobów
Czy masz którąś z tych niesamowitych przygód?

POLECANE PRZEZ PEDAGOGÓW I PSYCHOLOGÓW

OSOBOWOŚĆ

Prosę
Przepraszam
Dziękuję
Pozdrowienia

Cierpliwość
Odpowiedzialność
Odwaga
Szacunek

Prawdomówność
Asertywność
Bezinteresowność
Kreatywność

Uczciwość
Planowanie
Punktualność
Spostrzegawczość

Wytrwałość
Samodzielność
Empatia
Lenistwo

Jesteśmy sobie potrzebni
Kłopoty ze słowami
Moje okulary
Nowy kolega

EMOCJE

Złość
Strach
Zazdrość
Wdzięczność

Wzruszenie
Ufność
Wyrzuty sumienia
Tęsknota

Duma
Nieśmiałość
Przyjaźń
Miłość

Samotność
Szczypanie
Skarżenie
Samoocena

Śmierć w rodzinie
Adopcja
To moje ciało
Rozstanie rodziców

www.ingramcontent.com/pod-product-compliance
Lightning Source LLC
LaVergne TN
LVHW071708180726
843512LV00002B/581